# Table des matières

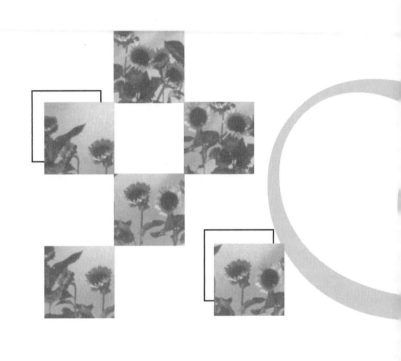

# Introduction

J'ai l'habitude de commencer chacun de mes livres en parlant des années de recherche qui ont précédé leur publication, et bien qu'il soit exact que j'aie mené une recherche exhaustive lors de la préparation de *ce* livre, sa rédaction a quelque peu différé de celle de mes autres ouvrages. Voyez-vous, ce livre contient une histoire personnelle que j'ai beaucoup à cœur, une histoire mettant en lumière l'existence même des guides spirituels, mais aussi le véritable sens de mon odyssée sur terre et de ma relation avec mon guide principal, Francine, qui m'accompagne depuis que j'ai entrepris ce voyage en cette vie. Nous avons conclu un pacte, elle et moi – tel que nous le faisons toujours avec notre guide spirituel avant de venir en ce monde –, afin qu'elle m'assiste tout au long de ma route. Nous nous engageons en retour à parfaire nos connaissances pour la gloire de Dieu et à compléter notre mission ici-bas.

Nous établissons notre plan de vie avec le soutien de nos amis, de divers assistants et du « Conseil », un groupe formé de « maîtres enseignants » qui voit à circonscrire le but de notre venue sur terre. Par la suite, notre guide spirituel étudie notre plan de vie avec nous afin de nous aider à en tirer la meilleure compréhension possible. Après avoir passé plus de soixante-six ans avec mon guide, il ne serait pas exagéré de dire qu'elle est ma plus chère amie. Avons-nous toujours été d'accord sur tout ? Bien sûr que non ! L'ai-je souvent mise à l'épreuve ? Certainement ! Cependant je dois admettre qu'elle a habituellement raison, et ce, même si je ressens parfois le besoin d'argumenter avec elle.

J'espère que ce livre vous donnera un bon aperçu du monde des guides spirituels, ces assistants omniprésents, souvent silencieux, et dotés d'une patience remarquable, qui ne cherchent qu'à nous aider à traverser cette vie au mieux de nos capacités, avant de nous en retourner à la Maison de Dieu. Je me suis esclaffée lorsque j'ai appris ce que le guide spirituel du médium bien connu Arthur Ford a répondu lorsqu'on lui a demandé, au cours d'une séance de spiritisme, s'il souhaitait revivre cette expérience. Fletcher (le Guide d'Arthur Ford) avait répondu sans hésiter : « Jamais ! » Je suis convaincue que la plupart des guides nourrissent ce genre de pensées.

Bien que les guides spirituels soient des entités très avancées vivant à une fréquence vibratoire extrêmement élevée, les gens ne se rendent pas toujours compte qu'ils sont aussi quelque peu humanisés. S'ils ne l'étaient pas, ils ne se préoccuperaient pas de ce qui peut nous arriver. Aussi, de toutes les entités qui vivent dans l'Au-delà, je dirais que ce sont les guides spirituels qui expriment le plus d'émotions propres aux humains. Et j'en remercie Dieu. Après tout, qui voudrait d'un guide spirituel qui agit comme un robot ? Qui réagit à vos traumatismes en disant que tout finit par passer et que, de toute façon, vous ne vous en rappellerez plus lorsque vous serez de retour dans l'Au-delà ?

Aussi, s'il vous arrive de vous sentir seul et abandonné, je veux que vous vous rappeliez que vous n'êtes jamais sans protection ni compagnie. Car non seulement Dieu est omniprésent, mais il en va de même pour Jésus, les anges et ces héros méconnus qui demeurent patiemment près de nous, toujours prêts à nous prodiguer leur amour, leur appui et leurs soins, c'est-à-dire *nos guides spirituels*.

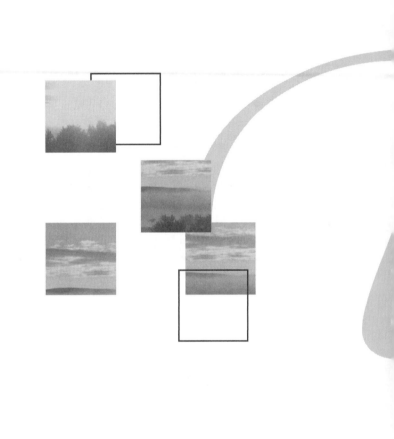

### Chapitre Un

# Qu'est-ce qu'un guide spirituel ?

Pendant plusieurs années, il a régné une certaine confusion à propos de la véritable nature des guides spirituels. Les différents types d'esprits peuvent en effet sembler déroutants : il y a les anges (dix catégories en tout) ; nos êtres chers qui sont passés dans l'Au-delà ; les fantômes (des âmes qui ne sont pas passées dans l'Au-delà et qui se croient toujours vivantes) ; et les implants énergétiques. Ce dernier type est sans doute le plus difficile à cerner. En ce qui concerne les implants énergétiques, il n'y a aucune entité présente à proprement parler. Il s'agit en fait de traumas implantés par un individu à un endroit et à un moment donnés, lesquels peuvent être captés par un médium qui saura décoder les événements imprimés dans l'énergie de cette âme.

Mais pour l'instant, j'aimerais que nous observions les guides spirituels. Ces guides sont en fait des entités masculines ou féminines ayant déjà vécu sur le plan terrestre, et sont dotés d'un corps tout ce qu'il y a de plus solide dans leur propre dimension située dans l'Au-delà. Vous n'avez pas nécessairement connu votre guide spirituel au cours d'une vie passée, bien que ce soit le cas pour certains d'entre vous. Pour dire les choses simplement, vous avez établi un contrat avec cette entité masculine ou féminine afin qu'elle veille sur vous au cours de votre vie.

Vos guides spirituels étudient votre plan de vie (le programme que vous avez élaboré avant de venir au monde) et vous aident à choisir les leçons que vous venez apprendre ici-bas, puis vous décidez avec eux de la manière dont ils pourront vous aider à y parvenir. Plusieurs d'entre eux étudieront longuement avant de devenir votre guide afin d'être sûrs de bien maîtriser votre plan de vie. Bien sûr, vous pouvez également compter sur l'appui du Conseil. Votre guide spirituel se présente devant le Conseil avant que vous ne veniez au monde, et même après, afin d'être conseillé et soutenu dans sa charge (c'est-à-dire *vous*).

Certaines personnes ont vécu dans une autre vie aux côtés de leurs guides spirituels actuels, mais cela est plutôt rare ; cependant, souvenons-nous que tous ceux que nous connaissons ici-bas sont des gens que nous avons connus dans l'Au-delà. Cela étant dit, votre guide ne peut être un membre de votre famille décédé lorsque vous n'aviez que trois ans, car cela signifierait qu'on vous aurait laissé sans surveillance pendant longtemps. Votre guide est à vos côtés dès le début de votre vie et vous accompagne tout au long de celle-ci. Votre guide va même vous soutenir lors de votre passage dans l'Au-delà, tout comme le font vos êtres chers, les anges et les âmes qui se sont préoccupées de vous avant votre venue au monde, mais que vous n'avez pas nécessairement rencontrées sur terre.

Les guides spirituels peuvent prendre toutes les apparences et toutes les tailles, et appartenir à toutes les cultures. Bien qu'ils puissent adopter n'importe quel visage, je peux vous assurer que ce sont de loyaux et précieux amis qui ne vous décevront jamais. Ils sont d'une grande sagesse et d'un grand courage, et vous aurez de leurs nouvelles si vous êtes calme et à l'écoute. Puisque les guides ne s'expriment pas toujours par voix audible, plus vous croirez en eux, plus ils seront en mesure de communiquer avec vous.

Nos guides nous transmettent chaque jour entre vingt et trente messages, mais nous avons tendance à les confondre avec nos propres pensées ou à n'y voir que de simples coïncidences. Cela ne veut pas pour autant dire qu'il soit impossible d'obtenir des inspirations provenant directement de Dieu, mais que vos guides ont également une voix qui leur est propre. Qu'est-ce qui vous a inspiré de téléphoner à Susan pour apprendre qu'elle était malade ? Qu'est-ce qui vous a incité à boucler votre ceinture de sécurité juste avant que vous ne soyez impliqué dans un accident (ce que vous devriez d'ailleurs porter chaque fois que vous montez à bord d'un véhicule) ? Ces divers événements de votre vie ont de fortes chances de résulter d'une intervention de votre guide. Contrairement aux anges qui sont là pour nous protéger et nous soigner, les guides spirituels, comme l'a dit un jour la clairvoyante Ruth Montgomery, sont « des compagnons qui nous soutiennent en cours de route. »

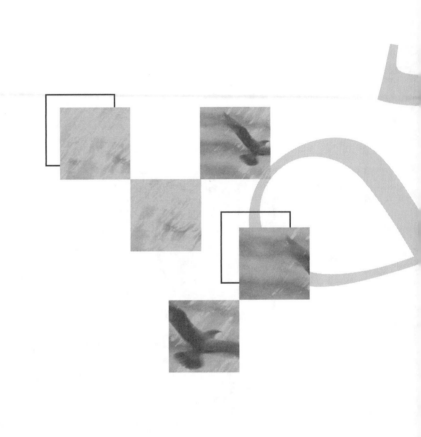

### Chapitre Deux

# Comment j'ai rencontré
# mon guide spirituel

Peut-être avais-je l'avantage d'être issue d'une longue lignée de médiums (qui remonte à plus de trois cents ans !), car je n'avais que sept ans lorsque j'entendis mon guide spirituel pour la première fois. J'étais en train de me brosser les cheveux dans ma chambre à coucher à Kansas City, au Missouri, lorsque j'entendis une voix enjouée et haut perchée qui était distinctement féminine.

Je n'oublierai jamais les premiers mots que m'adressa cette femme. Elle me dit : « Sylvia, je te suis envoyée par Dieu, et tu n'as rien à craindre de moi. » Aussitôt, je me précipitai hors de ma chambre en criant, descendis les escaliers et sortis dans la cour où ma grand-mère maternelle, Ada Coil, travaillait à son « jardin de la victoire ».

Dans un déluge de mots emmêlés, je tentai de lui expliquer ce que je venais d'entendre.

Ma grand-mère (une femme à l'esprit pratique pour qui j'avais un énorme respect) me regarda pendant un long moment et dit : « Et alors ? Nous entendons tous des voix. À présent, aide-moi à arracher les carottes. » Plus tard, elle vint s'asseoir près de moi – Dieu merci – et m'expliqua qu'il s'agissait de mon guide. Elle m'expliqua que les guides étaient des envoyés de Dieu, et que notre capacité à les entendre était quelque chose de génétique dans notre famille. Cela m'aida quelque peu, mais j'avais déjà du mal à accepter le fait d'être médium, et j'apprenais que j'allais dorénavant entendre des voix !

Au début, mon guide ne commentait pas chacun de mes gestes, mais elle m'envoyait tout de même des messages. Vous devez comprendre que tout cela a débuté il y a cinquante-neuf ans, à une époque où le monde était fort différent – en ce temps-là les gens étaient complètement fermés à ce genre de concept – sans parler du fait que j'étais née dans une famille catholique, juive, épiscopalienne et luthérienne. Rien de tout cela ne me préparait à entrer en contact avec un esprit désincarné. Aujourd'hui, lorsque des gens m'approchent pour me dire qu'ils sont habités par ce même sentiment de peur et de confusion, je les comprends parfaitement.

J'appris aussi à cette époque que mon guide s'appelait Iena, mais comment ma famille et moi en sommes venues à l'appeler Francine, personne ne s'en souvient. Peut-être ai-je un jour décidé de changer son nom parce qu'il ne me plaisait pas. Qui sait ? Le nom de votre guide n'a pas vraiment d'importance, cependant il peut être fort précieux de savoir à quel sexe il appartient et de posséder une connaissance de base de son identité. Cela peut déjà suffire à vous les rendre plus réels, et je suis convaincue que lorsque nous faisons appel à eux et que nous croyons en eux, il est plus facile pour les guides de percer le voile qui sépare notre dimension de l'Au-delà.

Francine, de qui j'ai reçu depuis des tonnes d'informations, a toujours insisté sur le désir qu'ont les guides d'être reconnus et acceptés afin d'accéder plus facilement à nous, et ainsi nous insuffler des connaissances utiles ou nous transmettre des messages télépathiques nous aidant à remplir notre plan de vie. Certaines personnes ont du mal à accepter que leurs guides ne les contactent pas nécessairement de manière audible, mais avec de la patience, vous *recevrez* leurs messages ; et si vous suivez les exercices présentés à la fin du livre, je suis *convaincue* que vous en recevrez. Cependant, je préfère vous avertir tout de suite que leur voix n'est pas nécessairement telle que vous l'imaginez. Il ne s'agit pas d'une voix douce, éthérée et mélodique, mais plutôt d'une voix aiguë, au débit rapide, un peu comme la voix d'une personne qui a inhalé de l'hélium. Ma bonne amie, Lindsay, qui participe à la rédaction de mes livres depuis des années, a récemment entendu son guide spirituel pour la première fois.

Elle me téléphona un matin et me dit : « Sylvia, j'ai entendu Rachel, mais sa voix était très aiguë, et avait un petit son métallique.

— Eh bien, c'est ce que j'ai essayé de t'expliquer pendant toutes ces années », répondis-je.

Francine dit qu'il est difficile pour les guides de se manifester et de prendre la parole, plus difficile encore que ce ne l'est pour les anges. Ce n'est pas que certains phylums (un ensemble particulier d'entités) soient plus avancés que les autres en tant que tel, mais comme les guides sont situés à un niveau plus élevé, ils ont du mal à s'accorder à la densité de l'atmosphère dans laquelle nous vivons. Selon Francine, c'est un peu comme s'ils avançaient à tâtons dans un brouillard épais. Au fil des ans, plusieurs personnes m'ont confié avoir entendu cette voix aiguë et m'ont demandé de leur expliquer ce dont il s'agissait. La réponse est fort simple : il s'agit de votre guide spirituel.

Étrangement, les anges ne s'expriment pas de manière audibles, cependant vous pouvez tout de même les entendre dans votre esprit (mais ils ne sont pas aussi bavards que les guides). Quant à vos êtres chers, ils peuvent avoir conservé une voix similaire après leur décès. Pourquoi ? Parce qu'ils ont quitté le plan terrestre si récemment qu'ils n'ont pas encore entrepris leur ascension, après quoi il leur sera beaucoup plus difficile de communiquer. Je ne veux pas insinuer par là que vous ne pourrez pas *entendre* votre guide ; cela devient plus difficile, voilà tout.

(Et puisqu'on me pose souvent la question, clarifions tout de suite un point : il est possible d'avoir plus d'un guide spirituel. Pour ma part, je peux compter sur Francine, mon guide principal, et sur Raheim, mon guide secondaire, mais d'ordinaire nous n'en avons qu'un. )

Pour revenir au problème du nom, si vous saviez le nombre de fois où j'ai révélé à des gens le nom de leur guide pour aussitôt les entendre

s'exclamer qu'il s'agissait de leur nom préféré, qu'ils avaient donné ce nom à leur chien ou que leur mère avait pensé leur donner ce même nom. Il semble que le nom de notre guide soit souvent imprimé dans notre conscience. J'ai même vu des gens « tomber » sur le bon nom après avoir « rencontré » leur guide durant l'un des exercices de méditation présentés à la fin de ce livre.

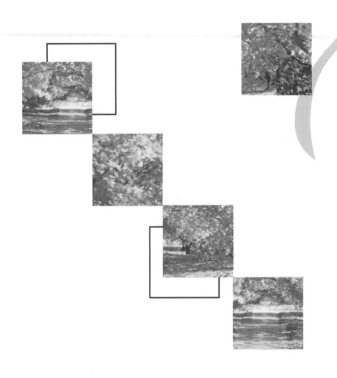

### Chapitre Trois

# Il existe toutes sortes de guides

**P**endant un moment, il a semblé que chaque personne qui consultait un médium afin d'obtenir le nom de son guide spirituel recevait pour réponse un nom du genre « *Running Water* », « *Standing Bear* » ou « *Silver Fox* ». Je ne sais s'il s'agissait d'une mode ou d'une tendance populaire, et je ne veux surtout pas contester l'existence des guides d'origine amérindienne, mais il me semble qu'au cours de mes quarante-neuf années de recherche, j'aurais dû rencontrer au moins une personne possédant un tel guide. Quoiqu'il en soit, et peu importe le contexte, si vous entendez un nom, méditez sur celui-ci pour voir s'il vous semble juste, puis utilisez-le ou changez-le, comme j'ai moi-même choisi de le faire. Suivez votre intuition. Même s'il vous semble plus personnel d'appeler votre guide par son nom, je crois fermement que cela n'a pas beaucoup d'importance, pour autant que vous fassiez appel à votre guide.

Certains guides se manifestent à nous sous des apparences d'enfants lorsque nous sommes nous-mêmes tout-petits. Le guide de mon fils Christopher, Charlie, s'est présenté sous la forme d'un enfant et a grandi avec lui au fil des années. Francine, de son côté, m'a toujours semblé être dans la trentaine et n'a jamais vieilli. Je dois dire que cela m'agace un peu d'ailleurs, car j'ai maintenant soixante-cinq ans et elle en a toujours trente !

J'ai poussé mes recherches assez loin pour en arriver à la conclusion que c'est à cause du contexte de mon enfance (une enfance marquée par une mère relativement absente) que Francine a décidé de jouer le rôle d'une personne plus âgée et maternelle, tandis que Christopher, qui a la chance d'avoir une mère bien présente (moi), préférait sans doute un guide ressemblant à un petit garçon amical toujours prêt à l'aider. Quatre-vingt-dix-neuf fois sur cent, les compagnons de jeu imaginaires de nos enfants sont en fait leurs guides spirituels. Ils se présentent sous la forme d'enfants afin que leurs protégés reçoivent plus facilement ce qu'ils ont à leur transmettre.

Les parents devraient se montrer indulgents et même accepter de faire une place à table où pourra s'asseoir « Jojo » ou « Mimi » ou peu importe le nom du compagnon de jeu de leur enfant. Si nous laissons nos enfants s'exprimer librement, non seulement vont-ils nous parler de leur guide, mais également des anges et de leurs vies passées.

Lorsque mes pasteurs et moi faisons l'école du dimanche aux enfants de notre Église, *Novus Spiritus*, les enfants nous racontent parfois des histoires très détaillées au sujet de leurs guides ou des anges dès que nous leur affirmons que Dieu voit à ce qu'il y ait toujours quelqu'un pour veiller sur eux. Leur visage s'illumine alors et leur langue se délie.

Je me remémore alors l'époque où j'étais en première année, lorsque les religieuses nous montraient des illustrations de saints et d'anges sur des affiches. Je me rappelle avoir levé la main pour déclarer : « Je les connais tous ; j'ai même *entendu* la voix du mien. » On m'ordonna aussitôt de rester en classe après la fin des cours.

La religieuse qui m'enseignait m'intima de ne jamais répéter ce genre de chose. Je n'étais qu'une enfant, mais je me rappelle distinctement avoir pensé : « Si vous nous dites qu'ils existent et que je vous réponds que je le sais, alors pourquoi suis-je dans le pétrin ? » Ma grand-mère eut vent de cette affaire et alla rencontrer la religieuse dès le lendemain. Je ne sais pas ce qu'elle a pu dire à Sœur Stéphanie, mais je ne fus plus jamais disputée pour ce genre de commentaires par la suite. Bien sûr, il se peut qu'après cet incident, je me sois tenue tranquille en classe, préférant plutôt me confier uniquement à quelques amies triées sur le volet (qui sont encore vivantes aujourd'hui). Et que ne leur ai-je pas raconté lorsque nous étions seules dans la cour de récréation !

### Chapitre Quatre
# Ne comptez pas sur votre guide
# pour devenir médium

L es guides peuvent vous aider avec votre plan de vie, vos leçons et votre vie en général, mais leur tâche n'est pas de vous donner des pouvoirs médiumniques. C'est un don qui vient de Dieu et qui permet d'avoir accès à votre « dossier » et à ceux des autres. Est-ce qu'un guide comme Francine peut prédire l'avenir de quelqu'un ? Oui… si elle est là-bas en train de lire votre plan de vie. Mais lorsque *vous* tentez de prédire l'avenir, cela se passe entre Dieu et vous.

On me demande encore aujourd'hui si les informations que j'obtiens durant mes lectures viennent de moi ou de Francine. En fait, elles viennent de moi. Ces informations viennent de Francine uniquement lorsque je suis en transe. Je ne veux ni glorifier, ni rabaisser l'état de transe, mais je ne suis pas sûre que ce soit une chose à laquelle tout le monde devrait aspirer.

Au début, j'ai eu du mal à laisser Francine venir à moi et me parler. Cette appréhension, j'en suis sûre, était le résultat des années d'endoctrinement religieux qui m'a été imposé, à savoir la peur d'être possédée, d'aller en enfer, et ainsi de suite. Il m'arrive encore d'entrer en transe, et je peux dire que les informations ainsi obtenues se sont toujours avérées aussi pertinentes tout au long des années. À ma connaissance, Francine n'a jamais blessé personne ou encore transmis de messages loufoques. Cependant, il n'est pas nécessaire d'entrer en transe pour canaliser ces informations. Et pour vous dire la vérité, après une heure de la petite voix aiguë de Francine, je suis prête à déguerpir. Évidemment, ce n'est pas de sa faute : cette coloration de la voix, comme je l'ai mentionné plus tôt, est liée à des distorsions qui affectent la transmission des messages émis de leur dimension vers la nôtre.

### Parlons un peu de mode

Certains guides vont apparaître dans ce que j'appelle leur tenue vestimentaire définitive. Certains guides vont porter une toge romaine, alors que d'autres apparaîtront dans des vêtements de ville ordinaires. Francine se présente généralement devant moi vêtue d'une robe en mousseline. Le choix des vêtements ne semble pas avoir de signification particulière, si ce n'est de refléter les préférences de celui qui les porte ; ce qui prouve qu'une fois dans l'Au-delà, nous conservons non seulement notre personnalité, mais aussi nos goûts en matière de vêtements. Quant à mon guide secondaire, Raheim, il porte une veste blanche de style Nehru et un turban blanc.

Francine a commencé à se manifester physiquement lorsque j'avais dix-huit ans. Comme elle m'avait annoncé à l'avance qu'elle allait tenter de se manifester, les membres de ma famille se sont empressés de prendre place dans le salon. Je vis d'abord les plis de sa robe, puis ses longs doigts effilés, sa haute taille élancée, et ses nattes noires. Puis je fermai les yeux ; j'en avais vu assez. Ma famille put observer toute la manifestation, alors que j'en étais incapable. Je me suis souvent demandé pourquoi, et j'en suis venue à la conclusion que ma « vision » et mon « audition » devaient être suffisamment développés ; et que de toute façon, il me fallait vivre dans ce monde-ci. Oui, je possède des pouvoirs parapsychiques, cependant j'essaie de garder les deux pieds sur terre dans la mesure du possible. Sans quoi, vous vous retrouvez dans un monde ésotérique et farfelu où personne ne peut entrer à part vous-même. Cela vous entraîne ensuite à faire des choses uniquement pour vous plutôt que pour les autres. Le don médiumnique est offert par Dieu et il ne doit pas servir à des fins purement égoïstes, car il vous a été donné pour que vous puissiez aider les autres.

Il y a de cela plusieurs années, alors que je vivais avec mes enfants dans un appartement à loyer modique, un soir que je m'apprêtais à les border dans leur lit, je vis du coin de l'œil Francine dans sa forme pleine et entière. Elle était grande et élancée, avec des nattes noires qui lui descendaient jusqu'au milieu du dos, et portait une robe turquoise qui semblait onduler autour d'elle. Son visage était ovale, elle avait des yeux en amande, de hautes pommettes et des lèvres pulpeuses. Elle me sourit puis disparut. C'était un peu comme si elle avait voulu me dire : *Tu n'as pas voulu me regarder la dernière fois, mais maintenant tu vas me voir.* Parfois lorsqu'elle me parle dans l'oreille droite, je fais un geste de la main qui signifie : *cela suffit pour le moment, assez de bavardage.* Si je vous ai donné l'impression que Francine me parle constamment, ce serait une erreur, car il n'en est rien. En fait, elle ne s'adresse à moi seulement si elle a quelque chose d'important à me dire.

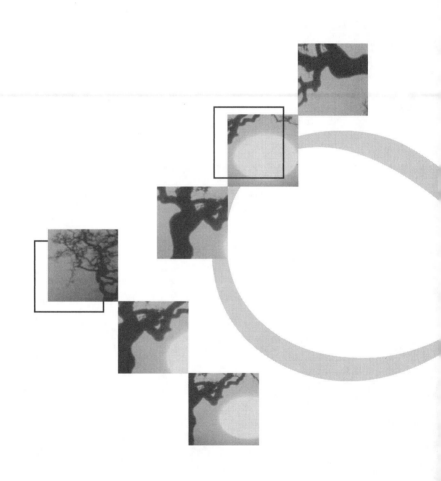

### Chapitre Cinq

# Les guides nous transmettent-ils des informations par voie médiumnique ?

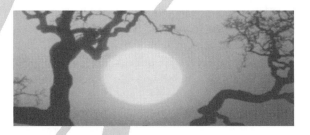

Au cours de toutes mes années de recherches – non seulement auprès de mes propres clients, mais également auprès de divers médiums comme Edgar Cayce, Margaret Leonard, Douglas Johnson, Arthur Ford, et plusieurs autres – j'ai découvert qu'aucun médium, moi-même y compris, ne peut honnêtement prétendre avoir reçu beaucoup d'aide psychique *personnelle*. En ce qui a trait aux autres, les guides deviennent des fontaines de savoir inépuisable, ce qui est loin d'être le cas lorsque les informations concernent les médiums eux-mêmes.

Les guides spirituels ne nous révèlent jamais les numéros de la loto ou d'extraordinaires aperçus de l'avenir. Ils vont à l'occasion nous pousser dans la bonne direction ou nous donner leur avis, et je suis sûre qu'ils s'adressent au Conseil et nous soutiennent en coulisse lorsque nous sommes confrontés à des situations délicates, mais pour ce qui est de nous transmettre des informations cruciales quant à notre propre avenir : jamais ! De temps en temps, Francine m'apporte de l'information concernant mon Église, *Novus Spiritus*, et m'insuffle des connaissances spirituelles qui m'aident beaucoup dans mon travail. Aussi, lorsque quelqu'un lui pose une question personnelle lors d'une séance de transe, elle y répond toujours… sauf si cette question me concerne.

C'est un peu comme si les médiums étaient des tubes pouvant recueillir de l'information pour tous ceux qui les entourent, mais rarement pour eux-mêmes. Si vous poussez ce concept un peu plus loin, vous verrez que c'est plein de bon sens, car si les guides spirituels transmettaient des instructions aux médiums à chaque étape de leur parcours, nous n'aurions jamais l'occasion de nous tromper, et par conséquent, d'apprendre de nos erreurs. Si je rencontre quelqu'un disant obtenir des conseils pour lui-même sur une base quotidienne, je me méfie, car la vie n'est pas faite ainsi. Quel est l'intérêt de venir sur terre si tout se déroule toujours parfaitement ? Les médiums sont ici pour recevoir des coups comme tout le monde.

Au fil des ans, mes amis et mes pasteurs se sont bien amusés de ce qui est devenu une plaisanterie entre nous : peu importe ce qui se produit, Francine me répète toujours la même chose : « Tout ira bien », mais une fois, il y a de cela quelques années, je m'étais exclamée, exaspérée : « Bien sûr que tout ira bien ! Je mourrai aussi, un jour, et tout ira bien pour de bon ! »

Je ne voudrais pas vous donner l'impression que Francine n'a pas su mesurer l'importance de certaines étapes de ma vie, mais comme tout le monde, je n'ai pas toujours su l'écouter. Par exemple, quelques mois avant mon premier mariage, elle me demanda : « Es-tu sûre de vouloir te marier ? » Vous vous dites sans doute qu'un tel indice ne pouvait m'échapper, mais je voulais n'en faire qu'à ma tête… Francine m'apprit plus tard que j'aurais deux garçons et que j'irais finalement m'établir en Californie. Il est donc possible d'obtenir certains points de repère. Toutefois, si vous pensez recevoir tous les jours les conseils de votre guide… n'y comptez pas trop. Les événements qui marquent notre quotidien sont néanmoins inscrits dans notre plan de vie et nous pouvons les ressentir au niveau de notre plexus solaire. Mais rappelez-vous : le véritable savoir nous vient de Dieu. Ne l'oubliez jamais.

Les anges et les guides spirituels sont bel et bien les envoyés adorés de Dieu, et rien ne peut les remplacer, pas même nos êtres chers décédés.

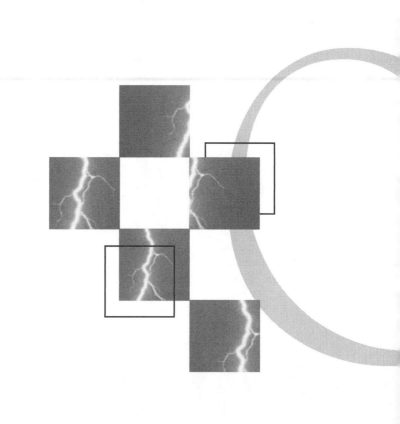

Chapitre Six

# Autres moyens de communication utilisés par les guides

Si jamais une otite ou une sinusite nous empêchait d'entendre correctement ce que notre guide a à nous dire, celui-ci pourrait toujours avoir recours à des signes. Ils sont capables de créer des moments de temps mort où tout semble s'arrêter, où l'on n'entend plus un seul bruit. Ils peuvent créer un grincement strident qui vous percera les oreilles. Certaines personnes ont l'impression que quelque chose éclate dans leurs oreilles.

Une amie à moi venait tout juste de se mettre au lit lorsqu'elle entendit la voix d'une femme à l'intérieur de sa tête qui disait : « Je m'appelle Heidi, et j'aimerais te souhaiter bonne nuit. » Je sais qu'elle ne dormait pas. En fait, elle s'adonnait à une méditation visuelle sur les guides spirituels. Elle se releva d'un bond et crut pendant quelques instants qu'elle allait devenir folle. Mais il ne s'agissait pas de cela, car les guides spirituels profitent de chaque occasion qui leur est offerte pour se faire connaître de nous. Selon Francine, lorsqu'une personne fait la connaissance de son guide, celui-ci éprouve ce que nous appellerions de la jubilation.

Comme je l'ai mentionné plus tôt, les guides sont toujours de bonne humeur, mais puisqu'ils doivent s'humaniser afin de pouvoir nous aider plus efficacement, je peux comprendre pourquoi leur joie est décuplée lorsque nous découvrons leur existence. Pensez-y : comment vous sentiriez-vous si vous passiez tout votre temps à aider quelqu'un qui ne manifeste jamais le moindre signe de gratitude ? Ce n'est pas que les guides aient un égo démesuré ; et en réalité, lorsque vous prenez conscience de leur présence, vous servez davantage vos intérêts que les leurs, car les guides vont tout de même faire leur travail, que vous en soyez conscient ou non. Je trouve également rassurant que les guides aient déjà vécu sur terre, car ils ont ainsi quelques souvenirs conscients du lot d'embûches et de tragédies – mais aussi de joies – que nous amène la vie.

Raheim, mon guide secondaire, organisa un jour pour moi un spectacle de lumière inoubliable. Mon mari de l'époque et moi étions en vacances à Kit Carson Lodge, près du lac Tahoe, dans le nord de la Californie. Nous séjournions dans un chalet isolé où la tranquillité et la noirceur étaient quasi complètes. Nous étions justement en train de discuter de nos guides spirituels et de la façon dont ils se manifestent, lorsque mon mari s'exclama soudain : « Il fait si noir ici ! Pourquoi ne fais-tu pas un peu de lumière ? » Sur ce, des bulles de lumière firent leur apparition sur les murs et au plafond. Comme je suis toujours un peu sceptique, je retins mon souffle et demeurai silencieuse quelques instants. Mon mari en fit autant. Finalement, après ce qui nous sembla une éternité, il se risqua à dire : « Vois-tu ce que je vois ? »

Je répondis « Oui ». En tout, le phénomène dura environ quinze minutes. Les lumières étaient de couleur irisée, et allaient et venaient sur les murs et le plafond. C'était un de ces moments où l'envie vous prend de sortir en criant : « Eh, tout le monde ! Venez voir ça ! » Cela ne s'était jamais produit avant et ne s'est jamais reproduit depuis, mais j'ai l'impression que c'est arrivé pour prouver quelque chose à mon mari plutôt qu'à moi-même. En effet, il venait tout juste d'entrer dans ma vie, et bien qu'il partageât mes croyances, il avait encore du mal à accepter certains phénomènes avec lesquels je devais composer. Mais à partir de ce jour, il n'y eut plus aucun doute dans son esprit. Peut-être les guides avaient-ils estimé que si cet homme devait m'accompagner dans mon voyage spirituel, il était préférable de lui donner un avant-goût de ce qui l'attendait.

Je compatis avec mes clients lorsqu'ils me disent croire en Dieu, aux anges, aux guides spirituels et à la vie après la mort, mais que leur famille ou leur conjoint n'y croit pas. Soyez patient avec eux. Chacun en vient à découvrir sa propre vérité à son rythme, et il ne sert à rien de leur rabattre les oreilles avec vos croyances, peu importe le degré d'intimité qui existe entre vous. Je conseille toujours à mes clients de demander à leur guide spirituel de donner une preuve de leur existence à leurs êtres chers. Si leur guide juge qu'il vaut mieux ne pas intervenir, je leur conseille alors de garder cela pour eux et de faire les choses à leur façon, sans tenter de convertir inutilement les gens autour d'eux.

Après avoir étudié les écrits récents comme les écrits anciens, d'origine biblique ou autre, je trouve extraordinaire que les croyants de toutes les religions, sans exception, croient aux prophéties, au concept du troisième œil et dans la possibilité de prédire l'avenir, mais aussi aux anges, aux avertissements venus de nulle part, etc. Il semble que plus notre société devient technologique et capitaliste, plus nous perdons ce pouvoir intime d'entrer en contact avec nous-même, ainsi qu'avec l'Au-delà. Comme « E.T. », nous voulons téléphoner à la « Maison », mais on dirait que nous avons perdu le numéro.

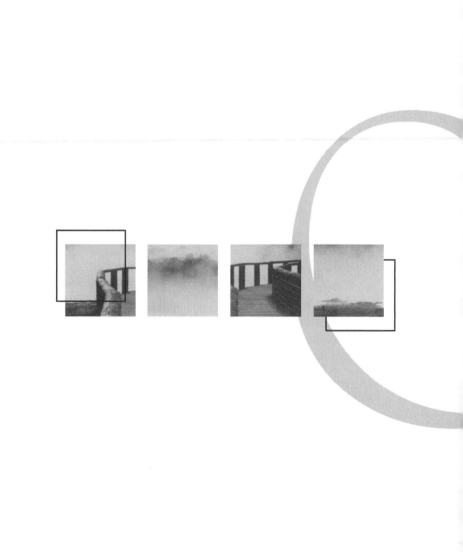

### Chapitre Sept
# Qu'en est-il des guides aperçus en rêve ?

Je ne compte plus les fois où un client m'a confié rêver constamment d'une même entité qui lui apparaît dans un pré, dans un nuage, sur un banc de parc, et ainsi de suite, et qui lui parle ou lui transmet un message. Mes clients me demandent souvent s'il s'agit d'un ange, d'une âme sœur ou d'un être cher déguisé. En fait, aucune de ces hypothèses n'est la bonne. Il n'est pas impossible de recevoir en rêve un message valide venant d'un ange ou d'un être cher, cependant ce soi-disant étranger qui fait irruption dans vos rêves et qui vous conduit à travers toutes sortes de situations n'est nul autre que votre guide spirituel. Chaque fois qu'il a des problèmes, un de mes clients rêve qu'il est assis sur un banc de parc et qu'un homme de grande taille, vêtu avec goût, s'assoit à ses côtés pour le conseiller.

Contrairement à ce que vous pouvez penser, nos guides n'interviennent pas toujours de manière aussi directe, ce qui peut parfois paraître bizarre. Par exemple, comme je l'ai mentionné plus tôt, le message que je reçus de Francine avant mon premier mariage était : « *Es-tu sûre de vouloir te marier ?* » Un message de ce genre me poussait davantage à la réflexion que l'aurait fait une directive précise, et du point de vue psychologique, il était également très profond. Je ne dirais pas que les guides sont incapables de se montrer inflexibles, en particulier en situation de stress ou de danger extrême, mais la plupart de temps leurs messages sont formulés de façon à nous faire revoir nos certitudes. J'avais entendu ce que Francine avait à me dire, mais avant de m'endormir, je demandai également à Dieu de me parler et de m'infuser de son savoir afin que je puisse faire le bon choix et ainsi demeurer dans la voie que je m'étais tracée.

Une de mes clientes reçut une directive beaucoup moins ambiguë. Une nuit, elle rêva qu'elle assistait à une réception où il y avait plusieurs personnes de sa connaissance. Tout à coup, un jeune homme vêtu d'une longue robe s'approcha d'elle. Elle pensa aussitôt qu'il semblait hors de son élément. Tout le monde portait des vêtements de soirée, mais parmi eux se trouvait cet homme vêtu d'une djellaba. Cet homme la prit par le bras, la regarda droit dans les yeux et lui dit : « Ne laisse pas ton fils aller à l'école demain matin. » Elle se réveilla aussitôt et alla s'assurer que tout allait bien dans la chambre de son fils de sept ans. Tout était normal : il dormait paisiblement, comme à son habitude. Il ne faisait pas de fièvre et tout semblait correct, mais ce rêve ne cessa pas de la tourmenter. Finalement, elle décida de garder son fils à la maison, non sans songer qu'elle devrait peut-être voir un médecin pour se faire examiner.

Vers dix heures du matin, le téléphone sonna : une mère hystérique l'appelait pour lui annoncer que l'autobus scolaire à bord duquel aurait dû se trouver son fils venait d'être impliqué dans un terrible accident. Certains enfants étaient morts, d'autres étaient blessés. Dieu merci, elle avait suivi le conseil qu'on lui avait transmis en rêve !

### *11 septembre 2001*

La tragédie du *World Trade Center* a donné lieu a tant de récits qu'il faudrait un autre livre pour tous les présenter, mais au moins deux personnes à qui j'ai parlé ont reçu un avertissement en rêve leur signifiant de ne pas se rendre au travail ce jour-là ou d'y aller plus tard. Étrangement, certaines personnes ne purent se rendre à leur lieu de travail. Pourquoi ceux-là ont-ils été épargnés alors que tant d'autres ont péri ? C'est très simple. Leur heure n'était pas venue, et leurs guides se sont assurés qu'ils ne quitteraient pas ce monde avant le moment prévu.

La bienheureuse majorité des gens qui allèrent au travail ce jour-là avaient endossé le rôle du saint agneau sacrificiel, afin que le monde puisse prendre conscience du renouveau de notre patriotisme et de l'urgent besoin de faire face aux influences malveillantes qui affectent si profondément notre monde.

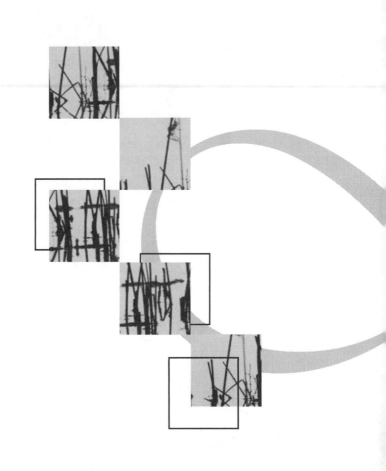

### Chapitre Huit

# Questions pour Sylvia Browne

L es questions suivantes m'ont été adressées par des lecteurs, des clients et diverses personnes, au fil des ans.

*Q. Combien de guides spirituels pouvons-nous avoir ?*

Je n'ai jamais rencontré au cours de toutes mes années de recherche une seule personne ayant plus de deux guides spirituels. Mais si cela était possible, nous aurions toujours un guide principal (comme mon guide Francine), qui nous aide à remplir notre plan de vie tel que nous l'avons élaboré avant d'entreprendre notre vie actuelle.

*Q. Les guides peuvent-ils déplacer des objets ?*

On a observé que les guides pouvaient déplacer des objets, mais ils le font rarement. Même si leur fréquence vibratoire est très élevée, ils peuvent faire fonctionner des appareils électriques, allumer ou éteindre les lumières. Je me rappelle une cliente qui, après avoir fait un exercice pour entrer en contact avec son guide, entendit le bruit d'un bouchon qui saute provenir des haut-parleurs de son téléviseur alors que celui-ci était éteint.

*Q. Pouvons-nous devenir le guide de quelqu'un d'autre ?*

Oui, tout le monde a la chance d'être le guide de quelqu'un d'autre. Au fond, à part l'étude du plan de vie de la personne concernée, ce n'est pas si compliqué. Nous choisissons de nous aider les uns les autres avant de venir sur terre.

*Q. Pourquoi certaines personnes ont-elles des guides de sexe masculin et d'autres, des guides de sexe féminin ?*

Selon Francine, cela serait relié aux deux hémisphères de notre cerveau. En d'autres mots, j'ai un guide de sexe féminin parce que j'avais besoin de développer mon côté émotionnel. Vous aurez un guide de sexe masculin si vous avez besoin d'équilibrer votre intellect. Cela ne veut pas dire que nous sommes nécessairement incompétents dans ce domaine, mais plutôt que nous avons besoin d'un petit coup de pouce.

*Q. Les guides peuvent-ils modifier notre plan de vie ?*

Non, ils ne peuvent pas vraiment modifier notre plan de vie, mais ils peuvent nous aider à le modifier, nous réconforter lorsque nous souffrons et s'adresser au Conseil pour nous montrer, par exemple, qu'il y a de la lumière au bout du tunnel. Pensez à votre guide comme à un ami sincère qui vous aime d'un amour inconditionnel, qui vous accompagne à travers toutes vos épreuves, qui vous encourage et vous donne, à l'occasion, un bon coup de pied dans le derrière.

*Q. Les guides peuvent-ils nous guérir ?*

Nos guides peuvent nous soigner et nous aider mentalement, mais ils feront toujours appel aux anges ou même à des « médecins spirituels » pour nous assister. Comme ils sont extrêmement avancés, les guides peuvent faire appel à toutes les entités à leur disposition.

*Q. Les guides nous laissent-ils parfois à nous-mêmes ?*

Non, nos guides ne nous quittent jamais. Ils sont à nos côtés à toute heure du jour ou de la nuit. Ils possèdent également le don d'ubiquité, ce qui signifie qu'ils sont capables de se trouver à deux endroits en même temps de manière pleinement consciente. Cela est difficile à comprendre pour des esprits finis comme les nôtres, mais dans l'au-delà, notre essence est si puissante que nous pouvons pleinement nous trouver à deux endroits à la fois. Par exemple, un guide peut veiller sur vous et quand même se trouver devant le Conseil en train de plaider votre cause pour obtenir une modification à votre plan de vie, un conseil ou une aide supplémentaire.

*Q. Peut-on confondre notre guide avec un fantôme ou un être cher disparu ?*

Rarement allons-nous confondre notre guide avec l'une ou l'autre de ces entités, car celui-ci ne se manifeste pas de la même manière qu'un fantôme ou qu'un être cher récemment décédé. Il nous arrive d'apercevoir des fantômes parce que ces derniers n'ont pas encore amorcé leur transition vers l'Au-delà et se trouvent donc dans une dimension plus près de la nôtre. Pour ce qui est de nos êtres chers décédés, comme ils viennent tout juste de quitter notre dimension, ils mettent un certain temps après leur décès à atteindre la fréquence vibratoire des guides. Si vos guides décident de se manifester, ils apparaîtront brièvement devant vous (comme au moment où j'ai *vu* Francine et Raheim ), mais pour ma part, je ne les avais jamais vus auparavant et je ne les ai jamais revus depuis. Je sens qu'ils sont effectivement avec moi, mais je ne vois jamais leur forme physique.

*Q. Deux personnes peuvent-elles se partager le même guide ?*

Non, deux personnes ne peuvent se partager un même guide, mais les guides peuvent se rencontrer ou recueillir des informations auprès d'autres guides. Néanmoins, plusieurs personnes sont capables de « se brancher » sur Francine au cours de mes conférences. Et lorsque je parle, j'ai toujours l'impression que plusieurs guides spirituels se rassemblent autour de moi et me disent des choses du genre : « *Si tu crois avoir des problèmes dans la vie, vois avec quoi je dois composer !* »

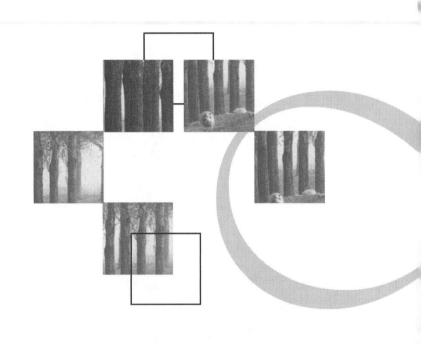

### Chapitre Neuf

# Récits de rencontres
# avec des guides spirituels

J'ai eu la chance de découvrir des nombreux récits grâce à mes clients et à ceux qui m'ont écrit ou envoyé des courriels via mon site Internet **(www.sylvia.org)** afin de partager avec moi leurs expériences personnelles avec des guides spirituels. Les récits suivants se trouvent parmi les plus mémorables que j'ai reçus.

Karen m'écrit :

*Cette nuit-là, j'étais étendue sur mon lit, complètement désespérée. Mon mari, un homme que j'avais aimé pendant quinze ans et en qui j'avais entièrement confiance, venait de rencontrer une autre femme et demandait le divorce. J'étais si abattue que je voulais mourir. Je ne pouvais tout simplement pas imaginer ma vie sans lui. Mais au moment où je touchais le fond du baril, mes yeux furent attirés par un minuscule point lumineux. Je me demandai comment il était possible qu'une lumière brille dans une pièce complètement noire, mais tandis que je l'observais, la lumière se mit à grandir et à grandir. Au centre de la lumière, je vis soudain apparaître un très bel homme, de grande taille, aux cheveux bruns ondulés et aux traits burinés. Il me sourit et je l'entendis dire : « Courage ! Dans six mois tu verras que Dieu te réserve de grandes choses. »*

*J'étais toujours triste, mais en même temps euphorique. Finalement, lorsque je voulus lui répondre, la vision disparut. J'en parlai à quelques personnes qui refusèrent de me croire, mais je savais que vous me comprendriez, Sylvia. (Sans blague.) Six mois plus tard, j'ai rencontré un homme merveilleux, un homme qui m'aime vraiment et qui a fait de moi une épouse comblée.*

Il s'agissait sans aucun doute d'un guide qui est venu vers vous à un moment où vous étiez dans le besoin. On ne reçoit pas tous les jours des messages prédisant des événements, mais compte tenu de votre désespoir, votre guide a probablement reçu l'autorisation de vous transmettre au moins un message de vérité et d'espoir.

Jason m'écrit :

> *J'en étais à ma dernière année de collège et je ne savais toujours pas ce que je voulais faire de ma vie. Cette question me torturait déjà depuis plus de trois ans. Je me sentais abattu et confus au point où la dépression me menaçait. J'étais visiblement embarrassant pour ma famille qui me demandait sans cesse ce que j'allais faire une fois mes études terminées.*
>
> *J'étais obsédé par un travail de trimestre que je ne parvenais pas à terminer, et comme j'avais l'impression d'être complètement vidé, je m'étendis pour faire une sieste. Je devais être à moitié endormi lorsqu'une jolie jeune femme aux cheveux blonds apparut devant moi et pointa du doigt le travail que j'avais laissé en friche. Sur le coup, je n'ai pas compris ce qu'elle cherchait à me dire, mais plus*

*tard, après avoir pleinement repris conscience, je vis que quelqu'un avait écrit au milieu de la page à moitié achevée le mot « médecin ». Cela ressemblait à mon écriture, mais je ne me rappelais pas l'avoir écrit. Maintenant que je suis neurologue, je me demande souvent si les choses se seraient passées autrement sans cette rencontre.*

Jason, vous seriez quand même devenu neurologue. Ce jour-là, votre subconscient a probablement pris le dessus le temps que vous écriviez ce mot. Quant à votre guide, il est apparu uniquement pour confirmer que votre esprit spirituel connaît votre plan de vie (que vous en soyez conscient ou non ), et pour valider par sa présence ce que vous aviez vous-même inscrit sur la feuille.

Brian m'écrit :

*À l'âge de quarante-cinq ans, j'ai été terrassé par une crise cardiaque. Je me suis retrouvé aux soins intensifs et j'avais l'impression que ma vie me glissait entre les doigts. Soudain, j'ai senti que je sortais de moi-même, puis je me suis mis à flotter au-dessus de mon propre corps sur lequel travaillait toute une équipe de médecins. Je n'étais pas vraiment préoccupé par tout cela, mais bien plutôt curieux. Puis, j'ai pris conscience de la présence d'un homme portant une robe blanche. Il avait les cheveux longs, il était rasé de près, et ses yeux exprimaient une extraordinaire compassion. Pendant une fraction de seconde, j'ai pensé qu'il s'agissait de Jésus, mais lorsque ce personnage s'est approché de moi, j'ai eu la nette impression qu'il s'appelait Daniel.*

*Je lui ai demandé : « Qui êtes-vous ? » Il m'a répondu : « J'ai toujours été à tes côtés pour te protéger, mais tu dois rebrousser chemin. Ton heure n'est pas venue. » Sur ce, je suis aussitôt retourné dans mon corps.*

Brian, plusieurs personnes croient avoir vu Jésus, et je ne dis pas cela parce que c'est impossible ou parce qu'ils ne le peuvent pas, car j'ai reçu plusieurs lettres qui le confirment. Jésus, comme nos guides, est toujours disponible pour nous, tout comme Dieu, mais étant donné que vous avez obtenu le nom « Daniel », il est clair que vous avez été contacté par votre guide. Les guides vont souvent nous apparaître en période de stress, et viennent toujours nous chercher pour nous ramener à la Maison dans l'Au-delà lorsque nous arrivons à notre point de sortie. Ce n'était pas l'heure où vous deviez quitter notre dimension, et votre guide était là pour s'assurer que vous n'abandonneriez pas.

Janice m'écrit :

> *Une nuit, après m'être rapidement endormie, je fus réveillée vers trois heures du matin par une voix. La voix m'appela par mon nom et dit : « Va voir Joey. » Mon fils de neuf mois s'appelle Joey. Je sortis du lit et me précipitai dans sa chambre, et là je vis Joey, pressé contre les barreaux de son lit d'enfant. Il ne respirait plus. Malgré mon affolement, je lui fis le bouche-à-bouche pour le réanimer et il se mit à pleurer. Et c'est là que mon histoire devient vraiment étrange, Sylvia. Même si je me suis mise dans tous mes états, rongée par la peur, même si cet incroyable incident aurait pu être fatal, j'avais malgré tout, pendant tout ce temps, la nette impression que tout irait bien.*

Janice, deux choses se sont produites cette nuit-là. Votre guide vous a appelée par votre nom pour vous aider à sauver Joey, et l'énergie sereine de sa présence vous a aidée à surmonter ce trauma.

Probablement que vous vous demandez : *Mais qu'en est-il de son plan de vie ?* Il était inscrit dans le plan de vie de Janice qu'elle devait passer à travers cette épreuve avec Joey. Toutefois, cet incident a été élaboré davantage pour enrichir l'expérience de Janice, afin qu'elle puisse prendre conscience qu'elle était protégée et soutenue. Janice avait peut-être besoin de cette affirmation pour être convaincue que quelqu'un veillait vraiment sur elle et sur son fils.

Certains messages sont plus subtils que d'autres. Par exemple, comme je le disais plus tôt, nous avons tous déjà eu un pressentiment au sujet d'une personne et découvert par la suite que nous avions raison.

Par exemple, il y avait dans mon groupe un pasteur qui traversait une crise spirituelle, une crise comme plusieurs d'entre nous en connaissent, surtout lorsque nous avons entrepris une quête de vérité. Même si elle voulait être pasteur, elle avait l'impression qu'elle n'était pas à la hauteur de son ministère et se sentait indigne de cette tâche qui lui paraissait écrasante. Plutôt que de m'en parler, elle décida de m'envoyer sa démission par courriel. Elle essaya de le faire à trois reprises mais le message ne parvenait jamais au destinataire. Elle s'assura du bon fonctionnement de son serveur Internet en envoyant sans problème des courriels portant sur divers sujets à plusieurs autres personnes. Toutefois, lorsqu'elle voulait m'envoyer sa démission, elle ne parvenait jamais à établir la connexion. *Je* sais pourquoi, et aujourd'hui, *elle* sait aussi pourquoi on l'a empêchée de poser un geste aussi radical, et nous en remercions son guide.

Christen m'écrit :

> *Ma mère était morte, j'avais perdu mon père six mois plus tôt, et mon fiancé venait de rompre avec moi. Mon emploi était également menacé. En rentrant chez moi après une longue journée de travail, je décidai d'avaler le contenu de la bouteille de médicaments que j'avais conservée suite à la maladie de ma mère. Après m'être préparée avec minutie, je me mis au lit, plaçai un verre d'eau sur la table de chevet, versai les pilules dans ma main et commençai à les avaler une à une. Soudain, je sentis une forte brise, et les pilules allèrent valser aux quatre coins de la chambre, comme si quelqu'un avait frappé sur ma main. Je restai clouée sur place, puis du silence qui m'entourait me parvint une voix douce et tendre qui me dit : « Arrête. Dieu te surveille. » Je compris aussitôt qu'il devait y avoir une autre façon de m'en sortir. Peu de temps après, ma vie prit un nouvel envol.*

Ces messages verbaux sont passablement intenses, même en l'absence de tout support visuel. Il faut retenir de tout cela que les guides spirituels, que ce soit pour nous encourager, nous barrer le chemin ou nous prévenir par voie télépathique, vont utiliser tous les moyens de communication à leur disposition pour faire passer leur message.

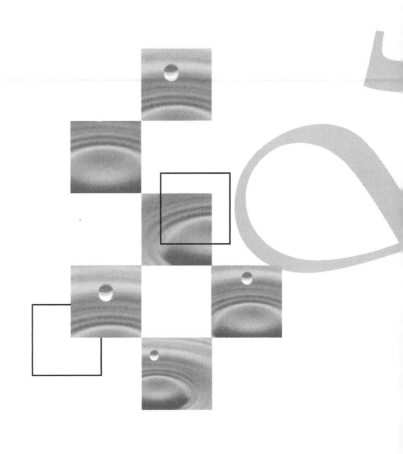

Chapitre Dix
# Quelques exercices pour apprendre à recevoir des messages

L es exercices suivants vous aideront à ouvrir encore davantage votre psychisme, et ainsi à recevoir plus facilement les messages que vous envoient vos guides spirituels.

### Exercice 1

Ce court exercice vous aidera à préparer votre esprit à recevoir divers messages, et il ne vous prendra que quelques minutes de votre temps. Appelons-le notre exercice d'entraînement.

*En imagination, transportez-vous sur une plage au bord de la mer et adossez-vous contre un palmier. Plongez vos orteils dans le sable chaud. Sentez la chaleur du soleil sur votre visage, la douceur de la brise dans vos cheveux. Vous pouvez créer un monde très simple ou extrêmement complexe si vous le désirez. Levez les yeux vers les nuages, respirez profondément à trois reprises en sentant toute la négativité et la douleur s'écouler à travers tout votre corps, avant d'être expulsées par le bout de vos orteils à travers les vagues qui viennent doucement se briser à vos pieds. Puis, sortant de l'ombre des palmiers, vous voyez votre guide à qui vous demandez de s'approcher. Posez-lui une question simple. Vous pouvez par exemple lui demander son nom. À mesure que le temps passe, n'ayez pas peur de poser des questions précises afin de pouvoir vérifier plus tard l'exactitude de ses réponses.*

### Exercice 2

Cet exercice vous aidera à développer votre « muscle psychique » et à préparer votre esprit à recevoir des messages.

*Couchez-vous sur le ventre. Visualisez la blanche lumière de l'Esprit Saint autour de vous. Sentez qu'une verte lumière de guérison entoure cette lumière blanche. Entourez ensuite ces deux lumières d'une lumière pourpre porteuse d'une spiritualité supérieure. Vous êtes à présent complètement détendu et vous sentez que toutes vos maladies et tout votre stress vous ont quitté. Votre esprit est tranquille. Votre corps est apaisé, et pourtant régénéré. Votre âme se dilate un peu plus à chaque battement de votre cœur. Vous êtes à l'intérieur d'une très belle pièce. Les lumières qui l'éclairent passent du blanc au vert, puis au pourpre. Tout à coup, vous prenez conscience qu'il y a quelqu'un derrière vous. Vous n'avez pas peur. Plongé dans cet état de conscience élargie, vous avez l'impression de connaître cette présence. Vous n'êtes pas obligé de voir immédiatement son visage, car vous avez reconnu cette entité. Il s'agit de votre guide spirituel, quelqu'un que vous aimez et en qui vous avez toujours eu confiance. Tâchez de voir si votre guide a un message audible ou télépathique à vous transmettre. Tandis que vous demeurez étendu, parfaitement détendu, vous reprenez lentement conscience, jusqu'à ce que vous ayez repris tous vos esprits. Vous vous sentez merveilleusement bien.*

C'est parfois un excellent moyen de trouver le sommeil. Et peut-être même allez-vous vous réveiller avec un message clairement imprimé dans votre esprit.

## Exercice 3

Bien que j'aie présenté cette méditation dans d'autres livres, cela vaut la peine de la présenter à nouveau. Il s'agit d'une méditation active.

*Trouvez un endroit tranquille dans la maison. Prenez un fauteuil et placez-le au milieu de la pièce. À présent, placez une chandelle de couleur blanche à la gauche du fauteuil, une chandelle blanche à la droite, une chandelle blanche devant et une autre derrière. Allumez les chandelles, puis assoyez-vous dans le fauteuil. Vous êtes à présent entouré des chandelles qui non seulement vous protègent, mais qui attirent aussi les guides. Demeurez assis en silence et demandez à votre guide de traverser le cercle de lumière et de vous donner un signe. Vous sentirez peut-être une douce brise ou un léger effleurement sur votre joue ou dans vos cheveux. À nouveau, posez une question et voyez si vous obtenez une réponse. Demeurez dans le cercle entre quinze à vingt minutes ; et profitez-en pour vous détendre, respirer profondément et parler avec votre guide. Puis, levez-vous et soufflez les chandelles. Vous vous sentirez rajeuni.*

(*Attention* : ne laissez jamais des chandelles brûler toute une nuit, et utilisez toujours des contenants ininflammables pour prévenir les risques d'incendies. )

## Exercice 4

Voici un autre excellent exercice pour vous aider à ouvrir votre esprit au maximum.

*Respirez profondément et détendez tout votre corps en commençant par vos pieds, vos chevilles, vos cuisses, votre région pelvienne, et ainsi de suite jusqu'à votre tronc. Détendez ensuite votre cou, vos épaules, vos bras et vos avant-bras, vos mains et vos doigts. Revenez vers le cou, puis détendez votre visage, les muscles autour de votre bouche, de votre nez et de vos yeux. À présent, imaginez que vous êtes dans un magnifique pré verdoyant. Il y a des fleurs tout autour de vous. Vous vous sentez libre et extraordinairement vivant. Vous prenez conscience que vous portez une robe ample qui flotte autour de vous. Vous êtes pieds nus. Tandis que vous marchez, courez ou flottez au milieu de ce pré, vous vous rendez compte qu'une porte dorée vient d'apparaître juste devant vous. Vous ouvrez la porte sans effort et découvrez des marches blanches ascendantes. Vous commen-cez à les gravir, mais au bout de cinq ou six marches, vous vous retrouvez sur une merveilleuse plate-forme en marbre blanc. Une brume de couleur pourpre vous entoure. Au milieu de cette brume se tient une magnifique entité : votre guide. Le guide s'approche de vous et vous embrasse. Vous vous sentez aimé, serein et guéri comme jamais auparavant. Vous redescendez l'escalier en compagnie de votre guide. Vous ouvrez la porte et retraversez le pré en courant. Vous revenez lentement à vous-même avec la sensation d'être protégé et aimé d'un amour inconditionnel. À l'intérieur de vous, vous vous sentez en contrôle comme jamais auparavant.*

Vous pouvez utiliser tous les exercices présentés ci-dessus. Plus vous vous exercerez, plus vous serez disposé non seulement à entendre ou à sentir la présence de votre guide, mais aussi à recevoir des messages valides. Nos guides, qui nous connaissent mieux que nous nous connaissons nous-mêmes, sont conscients que nous devons faire le « grand écart » pour entrer en contact avec eux. Ils feront de même de leur côté, et grâce à ces efforts conjugués, ils pourront plus facilement nous rendre visite. Une fois que vous aurez soulevé le voile de la croyance, le savoir mis à votre disposition deviendra incommensurable, et votre existence sera pour toujours enrichie par la présence de ce guide affectueux, chargé de vous aider sur le chemin de la Vie.

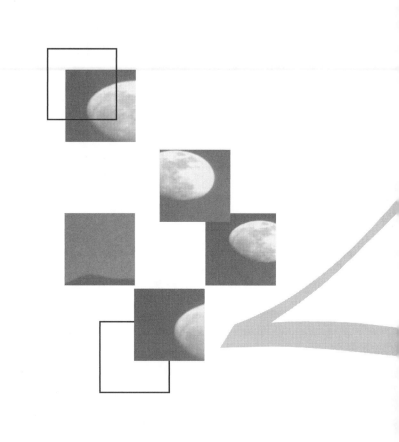

# Épilogue

Pour conclure, je crois qu'il vous est profitable de tenir un journal de vos expériences personnelles. Le soir, notez tous les événements de la journée, banals ou importants, qui ne semblent pas se ramener à de simples coïncidences. Vous serez peut-être étonné par les questions que votre journal suscitera : Pourquoi ai-je posé ce geste ? Pourquoi ai-je dit cela ? Pourquoi ai-je réagi ainsi ?

Mes clients m'ont souvent raconté avoir dit ou fait des choses qui ne leur ressemblaient pas du tout. Mais était-ce bien le cas ? N'avaient-ils pas plutôt reçu un message de leur guide spirituel ? Parfois, ce n'est que plus tard que nous découvrons la justesse de nos intuitions quant à une situation ou une personne, même si à ce moment-là nous ne disposions d'aucune information pertinente.

J'aime beaucoup l'idée de tenir un journal intime, car cela nous permet d'accomplir plusieurs choses. De toute évidence, cela nous permet de nous souvenir des événements de la journée, mais aussi de reconnaître qu'ils ne sont définitivement pas aléatoires. Le fait de tenir un journal nous aide également à imprimer dans notre conscience l'idée qu'il se passe assurément quelque chose autour de nous. Cela signale également à nos guides que nous tentons de percer le voile spirituel afin qu'ils aient plus facilement accès à nous.

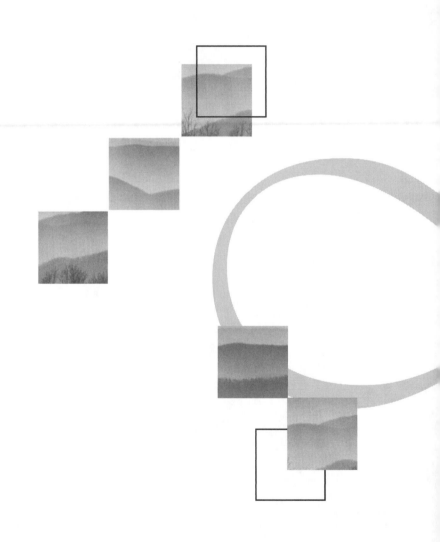

# Méditation pour entrer en contact avec votre guide spirituel

## *Introduction*

S ur le CD qui accompagne ce livre, je réponds à certaines questions concernant les guides spirituels, comme par exemple : *Est-ce que tout le monde a un guide spirituel ? Comment savoir si nous recevons des messages de nos guides ou si nous imaginons des choses ?* En m'inspirant de mon expérience personnelle et des connaissances que m'a transmises Francine, mon guide spirituel, je partage ensuite avec vous toute la vérité sur ces êtres mystiques.

Je poursuis en mettant en lumière la différence entre les anges et les guides spirituels, en présentant des techniques pour une meilleure communication avec eux, et en dévoilant le processus auquel les guides doivent se soumettre avant d'être capables d'aider tous et chacun d'entre nous.

Si vous avez toujours voulu approfondir le monde mystérieux des anges et des esprits, j'espère que cette introduction vous fournira les réponses que vous recherchiez. Comme toujours, n'oubliez pas que vous n'êtes jamais vraiment seul. Vous êtes entouré par tous ceux qui ont le désir de vous aider et vous protéger, et vous avez le pouvoir de faire appel à eux !

*La méditation qui suit sur le CD peut vous aider à découvrir qui est votre guide spirituel et comment demeurer en contact avec lui ou elle.*

### *Transcription de la méditation*

*[**Note de la rédaction** : Nous reproduisons ici mot pour mot le texte de la « Méditation pour entrer en contact avec votre guide spirituel » (qui se trouve être un extrait d'une conférence de Sylvia) au cas où vous souhaiteriez le lire en même temps ou le consulter plus tard.]*

Assoyez-vous droit, placez vos pieds à plat sur le sol, et ce serait parfait si vous placiez vos mains sur vos genoux, les paumes tournées vers le haut. Un peu comme si vous vous apprêtiez à recevoir une bénédiction. Je veux aussi que vous vous entouriez de la lumière blanche de l'Esprit Saint. Sentez descendre en vous la paix, l'harmonie, la sérénité, la foi en Dieu, la conscience de Jésus qui est toujours avec nous, Dieu le Père et la Mère, et l'amour entre Dieu le Père et Dieu la Mère qui a *créé* l'Esprit Saint. Vous pouvez ajouter les maîtres spirituels que vous désirez à cette liste. En fait, vous pouvez les accumuler. Je fais maintenant appel à *tous* ces êtres afin qu'ils viennent vous assister. Je veux que vous vous détendiez au maximum. Vous serez bientôt disposé à vous donner un mot-code de couleur – nous prendrons aujourd'hui le mot *bleu* –, ce qui revient à dire qu'à partir de maintenant, chaque fois que vous prononcerez ce mot, vous retournerez à cette lucidité méditative, à cette *connaissance valide* de l'endroit où vous allez et de ce que vous y verrez.

Détendez vos orteils, la cambrure de votre pied, comme si vous relâchiez un ressort à l'intérieur de vous. Détendez ensuite vos chevilles, vos mollets, vos genoux, vos cuisses, votre région pelvienne, puis votre tronc, vos épaules, vos bras, vos avant-bras, vos mains et le bout de vos doigts. Remontez jusqu'à votre cou. Puis parcourez votre visage, votre bouche, votre nez, vos yeux et votre front.

À présent, passons derrière les yeux. Laissons notre pensée s'échapper, comme une épaisse fumée noire, afin qu'il se forme un espace où règnent silence et sérénité. Non pas un espace vide dans lequel la connaissance ne pourrait passer, mais plutôt un vide comme en recherchent les moines qui, en passant, se tondent le dessus de la tête, parce qu'ils croient pouvoir être plus facilement infusés ainsi. À ce propos, je peux dire que l'espace sur le dessus de ma tête, allant de ma glande pinéale à mon hypothalamus et à mon hypophyse, est entrouvert, afin que je puisse être infusée et recevoir des connaissances. Non pas des connaissances glanées au hasard – nous ne voulons pas que tous les détritus qui flottent dans l'univers s'infiltrent dans notre esprit sans que nous ne puissions rien y faire – mais uniquement celles qui nous seront utiles. Autrement dit, seulement celles qui me permettront d'aider les autres, de m'adapter aux circonstances et de prévenir des dangers. Le fait de spécifier ce type de connaissance vous aidera également à améliorer vos capacités parapsychiques.

À présent, je veux que vous vous *imaginiez* au milieu d'un pré. Si jamais vous n'arrivez pas à le voir, tâchez de le sentir autour de vous. Ce pré est d'une verdure extraordinaire. Tout à coup, vous vous rendez compte que vous portez des vêtements amples. Si vous êtes un homme, vous portez une longue robe comme en portait notre Seigneur ; si vous êtes une femme, vous pouvez porter une robe très légère ou quelque chose qui vous laisse libre de vos mouvements. Vous regardez le sol et voyez devant vous de lumineuses dalles blanches. Elles ne montent pas vers le ciel, mais traversent plutôt ce magnifique pré verdoyant. Animé d'une grande attente, vous sautez d'une dalle à l'autre. Tout en suivant ces dalles, vous faites le tour du pré. Vous sentez le soleil sur votre visage, le vent dans vos cheveux, et vous continuez à sauter d'une dalle à l'autre.

Soudain, au milieu de ce pré, vous voyez un magnifique belvédère d'un blanc resplendissant. Il vous semble étrangement à sa place, comme s'il avait toujours été là. Ce belvédère a quelque chose de familier, comme si vous saviez qu'au bout de votre course, vous rencontreriez quelque chose d'aussi beau. Quelque chose de rayonnant, de lumineux, d'éclatant. Vous courez vers ce belvédère jusqu'au seuil des trois marches qu'il surplombe. Mais au lieu de les gravir, vous demeurez immobile un moment. C'est alors qu'une silhouette émergeant de l'ombre apparaît sur le belvédère et s'avance vers les marches. Prenez le temps d'assimiler cette première impression. Ne laissez pas le mot *imagination* s'interposer, comme s'il s'agissait d'une création de votre esprit. Laissez-vous toucher par ces impressions. Cette entité – que sa taille soit grande, petite ou moyenne – commence à descendre les marches. Et vous ressentez soudain cette merveilleuse sensation de « Ah, te voilà ! » Un sentiment de familiarité, d'énergie positive et d'amour.

Cette personne descend la dernière marche et met ses bras autour de vous. Vous lui demandez : « Quel est votre nom ? »

Maintenant, ne perdez pas courage s'il s'agit d'un être cher. Il arrive que nos êtres chers aient priorité et *écartent* la personne ou notre guide du chemin afin de nous rencontrer. Ne repoussez personne, car la personne qui vient vers vous est peut-être celle qui compte le plus pour vous ou celle dont vous avez le plus besoin. Il s'agit peut-être de votre conjoint récemment décédé… Cependant, la plupart du temps, nous rencontrons notre guide. Gardez l'impression du premier nom qui vous vient, même si aucune parole n'est prononcée, ces informations étant souvent transmises par télépathie.

Avec les bras de votre guide vous enlaçant, vous retournez sur le sentier de dalles blanches. Et juste comme vous vous trouvez au milieu du sentier, avant d'arriver à la fin, je veux que vous vous retourniez face à votre guide et que vous lui posiez une question. N'importe quelle question dont vous ne connaissez pas la réponse, mais dont vous pourrez vérifier l'exactitude par la suite. Et surtout, ne craignez pas que votre guide en soit froissé. Même si vous désirez poser une question du genre : « Dans combien de temps mes finances vont-elles s'améliorer ? » Néanmoins, n'espérez pas obtenir une longue dissertation, surtout si vous le rencontrez pour la première fois. Demandez-lui plutôt : « Dites-moi à quel moment ma situation financière se portera mieux » ou « Quand vais-je rencontrer quelqu'un ? », et recueillez la première impression qui vous vient. Si la réponse vous semble être deux ans, six mois, trois semaines, fiez-vous à cette première impression.

Vous poursuivez ensuite votre chemin sur le sentier de dalles blanches jusqu'à ce que vous reveniez à votre point de départ.

À présent, comme vous allez bientôt revenir à vous, vous laissez là votre guide, mais ce n'est pas parce que vous revenez dans votre propre dimension, que votre guide doit demeurer là-bas. En fait, votre guide est toujours près de vous. Vous avez simplement accédé à un plan supérieur pour le rencontrer, voilà tout. Mais avant de revenir à vous, vous vous dirigez vers la droite en quittant le sentier, vous faites quelques pas et tout à coup vous voyez devant vous d'énormes portes de cuivre qui semblent tenir debout toutes seules. La curiosité est une chose merveilleuse. Ces portes sont pourvues de très gros anneaux, visiblement très lourds. Mais vous saisissez un de ces anneaux et vous tirez, et voilà qu'elles s'ouvrent toute grandes. Étonné, vous jetez un coup d'œil dans ce long couloir.

Comme je l'ai dit, vous êtes pieds nus. Et vous entrez dans ce long couloir. Vous sentez l'extrême fraîcheur du marbre rose sous vos pieds. Portant toujours ces mêmes vêtements amples, vous vous mettez à courir avec empressement. Même si dans cette vie vous ne pouvez pas courir autant que vous courez à présent ! Car l'esprit, lui, peut toujours courir.

Tout à coup, vous arrivez devant un autre ensemble de portes semblables aux premières, sans être aussi grandes. Vous les ouvrez sans le moindre effort. Et vous vous retrouvez dans une pièce circulaire baignée par une lumière rose. Le rose est, bien sûr, la couleur de l'amour. Le rose représente toujours l'amour. Et c'est très rose. Au bout d'un moment, vos yeux se sont habitués à cette lumière rose. Tous les objets acquièrent un extraordinaire relief. Vous regardez devant vous et découvrez ce qui ressemble à un autel de pierre, comme ceux que l'on retrouve dans les églises. Et vous vous retrouvez en train de faire le tour de cette pièce décorée de lourds rideaux roses.

Cependant quelque chose vous ramène vers cet autel de pierre. Vous glissez une main sous l'autel, pour une raison quelconque, et vos doigts rencontrent un objet en métal, et vous vous rendez compte qu'il s'agit d'une clé. À présent, vous faites glisser votre main sur le dessus de l'autel en marbre et vous découvrez un trou de serrure. Vous insérez la clé d'or dans la serrure, vous la faites tourner, et aussitôt, les rideaux s'entrouvrent. Derrière les rideaux, il y a une sorte de scène, et sur cette scène s'avance votre guide. Je vous parie qu'il s'agit de la même silhouette ou du même personnage, homme ou femme ou que vous avez la même impression d'un genre, soit féminin soit masculin. C'est peut-être tout ce que vous percevrez pour le moment, mais cela est amplement suffisant. Votre guide vous entraîne ensuite vers une autre partie de la pièce, également pourvue de rideaux. Et voilà qu'ils s'entrouvrent à leur tour. Votre guide vous invite par voie quasi télépathique à lui poser n'importe quelle question. À présent, voici ce que nous allons faire. Nous sommes arrivés au moment où nous allons nous élever encore un peu plus. Une charmante dame m'a un jour demandé : « Cela vient-il de mon guide, cela vient-il de Dieu ? » Parce que nous avons besoin de *choses concrètes*, nous n'aimons pas ce qui est nébuleux. Un jour, tout vous semblera concret. Mais vous devez d'abord vous exercer. Soudain, un parchemin doré tombe à vos pieds. Ce parchemin couleur d'or brille de tous ses feux. Il vous fait penser à quelque chose sur lequel on aurait pu écrire les « Dix Commandements ». Votre guide vous invite alors par voie télépathique à poser vos questions directement à Dieu. Vous vous tenez devant ce parchemin, comme s'il s'agissait d'un objet sacré, et vous dites : « Mon Dieu, je voudrais savoir… », peu importe ce que vous voulez savoir. Tout à coup, les mots commencent à se former : « Comment est ma santé ? », « Comment se portent mes finances ? », « Que dois-je faire pour éviter ces problèmes de santé ? », « Comment dois-je me comporter avec les membres de ma famille ? » Il se peut que vous obteniez pour réponse des mots comme *viens*, *avance encore* ou *recule*. Même ces quelques mots sont, en eux-mêmes, une réponse.

Votre guide vous enlaçant toujours, voici que vous retrouvez vos êtres chers qui sont à se réunir dans cette pièce. Il y aussi des anges, car cette pièce ressemble à un tabernacle. Grâce à l'autel de pierre, vous pouvez la créer aussi belle que vous le désirez. Vous pouvez y ajouter un crucifix ou une statue ou encore vous pouvez la laisser comme elle est. Je vous montre ces deux façons d'être infusé, mais un jour ou l'autre, vous n'aurez plus besoin du parchemin, et vous n'aurez plus besoin d'être conduit par votre guide, cependant nous devons toujours gravir ces marches pour nous rendre là-bas. À présent, vous vous retournez, et votre guide vous reconduit jusqu'à la porte. Tandis que vous vous en retournez par le couloir de marbre, votre guide marche à vos côtés. Vous riez, vous parlez et vous pouvez aussi lui demander : « Et qu'en est-il de ma dépression ? », « Qu'en est-il de mon mariage ? », « Qu'en est-il de ma santé ? », « Qu'en est-il de mes enfants ? » Attendez sa réponse. Elle sera peut-être très courte, succincte, pertinente, et c'est très bien. Plus tard, si vous répétez l'expérience, ses réponses deviendront plus élaborées.

Puis poursuivez votre route jusqu'aux grandes portes de cuivre, celles par lesquelles vous êtes passé tout à l'heure et par lesquelles vous allez sortir maintenant. Tout à coup, vous vous retrouvez – on dirait presque un kaléidoscope – sur une plage. Il fait si chaud, c'est si beau et le sable est si blanc ! Vous enfoncez vos orteils dans le chaud sable blanc, vous sentez les vagues de l'océan clapoter contre vos orteils. « Mon Dieu ! », vous dites-vous comme dans un soupir de soulagement, tout en vous adossant contre un palmier. On dirait que tout est en train de fondre autour de vous, la douleur, les inquiétudes, la famille, les chagrins, les épreuves, tout s'en va. Tout s'écoule le long de votre corps, glissant à travers vos jambes jusque dans l'eau, avant d'être emporté par la marée.

À nouveau, à votre droite, émergeant de l'ombre, s'avance votre guide. Il s'agit d'une version plus courte. Vous pouvez l'utiliser en ayant recours à votre code de couleur *bleu*. Demandez-lui : « Que dois-je faire pour régler cette affaire juridique ? », « Devrais-je vendre ma maison ? », « Devrais-je déménager ? », « Ne pas déménager ? », « Que dois-je faire par rapport à mon mariage ou ma relation amoureuse ? » Évitez les questions trop compliquées. Demandez une chose à la fois. Et même si vous ne comprenez pas ce que votre guide vous répond, un jour viendra où tout vous paraîtra très clair. Vous vous direz alors : « Voilà donc ce qu'il voulait dire. Et moi qui n'y comprenais rien ! »

Votre guide s'approche de vous, s'assoit à vos côtés, prend votre main dans la sienne et vous fait comprendre que, quoi qu'il arrive, il ne vous quittera jamais. Et qu'au moment de votre mort, vous serez non seulement entouré de vos êtres chers, mais votre guide sera là pour vous guider et vous mener directement à Dieu.

Je vous en prie, mettez en pratique ces exercices. Ils sont très simples, et vous pourrez vous en souvenir facilement. Vous pourrez éventuellement les simplifier ou les complexifier autant qu'il vous plaira. Mais vous devez d'abord entraîner votre esprit à passer d'un niveau à un autre. Et la pratique active à travers la méditation est la seule façon d'y parvenir.

Au compte de trois, vous reviendrez et retrouverez tous vos esprits ; et vous vous sentirez merveilleusement bien, comme vous ne vous êtes jamais senti auparavant. Un, deux, trois…

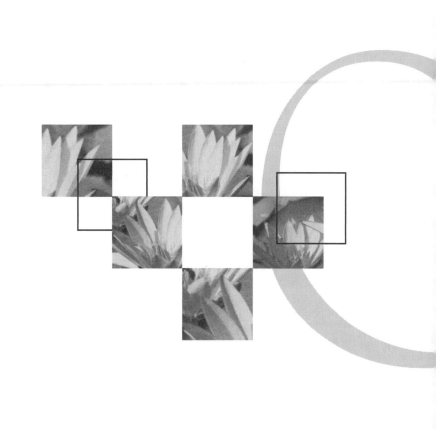

# Au sujet de l'auteure

Des millions de personnes ont été témoins des extraordinaires pouvoirs médiumniques de Sylvia Browne, que ce soit à l'émission *Montel, Larry King Live, Entertainment Tonight* ou *Unsolved Mysteries* ; Sylvia a également fait parler d'elle dans les magazines *Cosmopolitan* et *People*, ainsi que dans divers médias nationaux. Sylvia Browne est l'auteur de plusieurs ouvrages et livres parlés, la présidente de la Corporation Sylvia Browne, et le fondateur de sa propre Église *The Society of Novus Spiritus*, établie à Campbell, dans l'État de la Californie. Vous pouvez joindre Sylvia à l'adresse suivante : **www.sylvia.org** ou au **(408) 379-7070.**

# Autres titres de Sylvia Browne aux Éditions AdA

# Notes

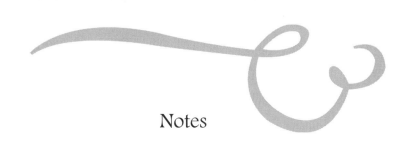

Notes

# Notes

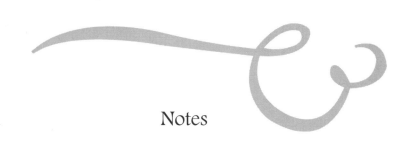

Notes

# Notes

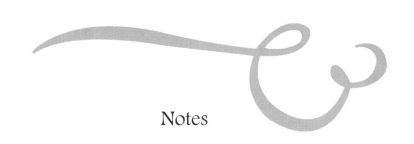

Notes

# Notes